The Happy Lines Family
Animales de Halloween
Libro para colorear con actividades

Copyright © 2023 C. & L. & H. Lopez Espina

Published by The Little Book Farmers Happy Lines Family

Published in the United States of America

All rights reserved. No part of this publication can be reproduced, copied, transmitted, stored, or recorded in any manner whatsoever without written permission from the copyright owners. Commercial resale in any form is strictly prohibited.

To request permission, contact Little Book Farmers/ *The Happy Lines Family* at:

https://littlebookfarmers.com/contact-us/

Written and Edited by: C. & L. & H. Lopez Espina
Translated by: C. Lopez Espina
Illustrated by: L. Lopez Espina

ISBN: 978-1-962850-03-2

Nombre:_____   Fecha: _____

Mi libro de Halloween

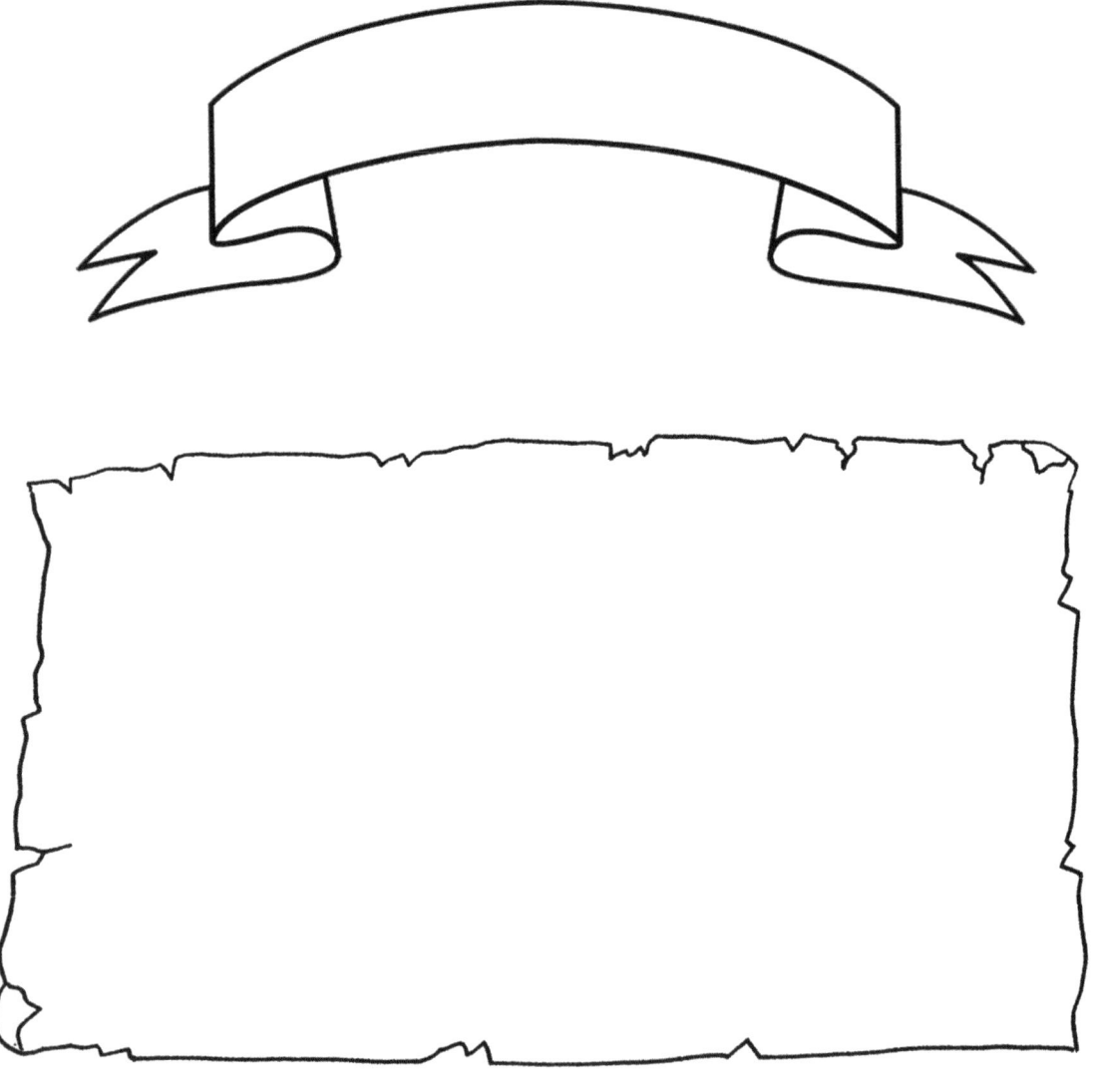

Mi libro de Halloween para colorear

Este libro pertenece a:

Las Nueces

Nosotras, *las nueces*, nos convertimos en **robles**. Empezamos a crecer cuando los robles tienen entre 20 y 50 años. Además, las ardillas pueden llevar alrededor de ocho de nosotras en bolsas en sus mejillas.

De NUEZ en cuando un buen libro puede ¡*volverte un poco loco!*

Extraterrestre

¿Sabes que *tú* serías considerado *un extraterrestre* para cualquier forma de vida que posiblemente exista en otro planeta?

Lophius piscatorius

Sólo nosotras, las **Lophius piscatorius** hembras, somos **bioluminiscentes** (lo que significa que brillamos). Los machos son muy pequeños, y cuando encuentran a su verdadero amor, se quedan *literalmente* pegados a una de nosotras de por vida, ¡de hecho acabamos compartiendo el mismo torrente sanguíneo! Además, mucha gente no sabía que podemos nadar cerca de la superficie del océano, aunque nunca nos quedamos mucho tiempo. Nos gusta quedarnos medias sumergidas en la arena húmeda del fondo oceánico, en lo que se conoce como **la zona de medianoche**, aproximadamente a una milla de profundidad.

Un juego de Halloween doblando un papel - Parte 1

Cómo se juega:

1. Dobla un trozo de papel en tres secciones iguales, igual que doblarías una carta para poner en un sobre. Numera cada segmento doblado: 1. para la cabeza, 2. para el cuello y el cuerpo, y 3. para las piernas y los pies.

2. **El primer jugador** dibuja la cabeza de la criatura de Halloween en el pliegue 1. Cuando haya terminado, dobla el papel hacia dentro por debajo del segmento 3. A continuación, dibuja dos pequeñas marcas en el segmento 2. para mostrar dónde continuará el cuello y el cuerpo. ¡Asegúrate de que nadie pueda ver tu dibujo!

3. **El siguiente jugador** dibuja el cuello y el cuerpo en el segmento 2. utilizando las marcas como punto de partida. A continuación, da la vuelta al papel hasta el segmento 3. y marca dónde empiezan las piernas y los pies. Pásalo al siguiente jugador sin dejar que nadie vea lo que se ha dibujado.

4. **El último jugador** dibuja las piernas y los pies en el segmento 3. A continuación, todos juntos abren el papel doblado para revelar una divertidísima criatura de Halloween.

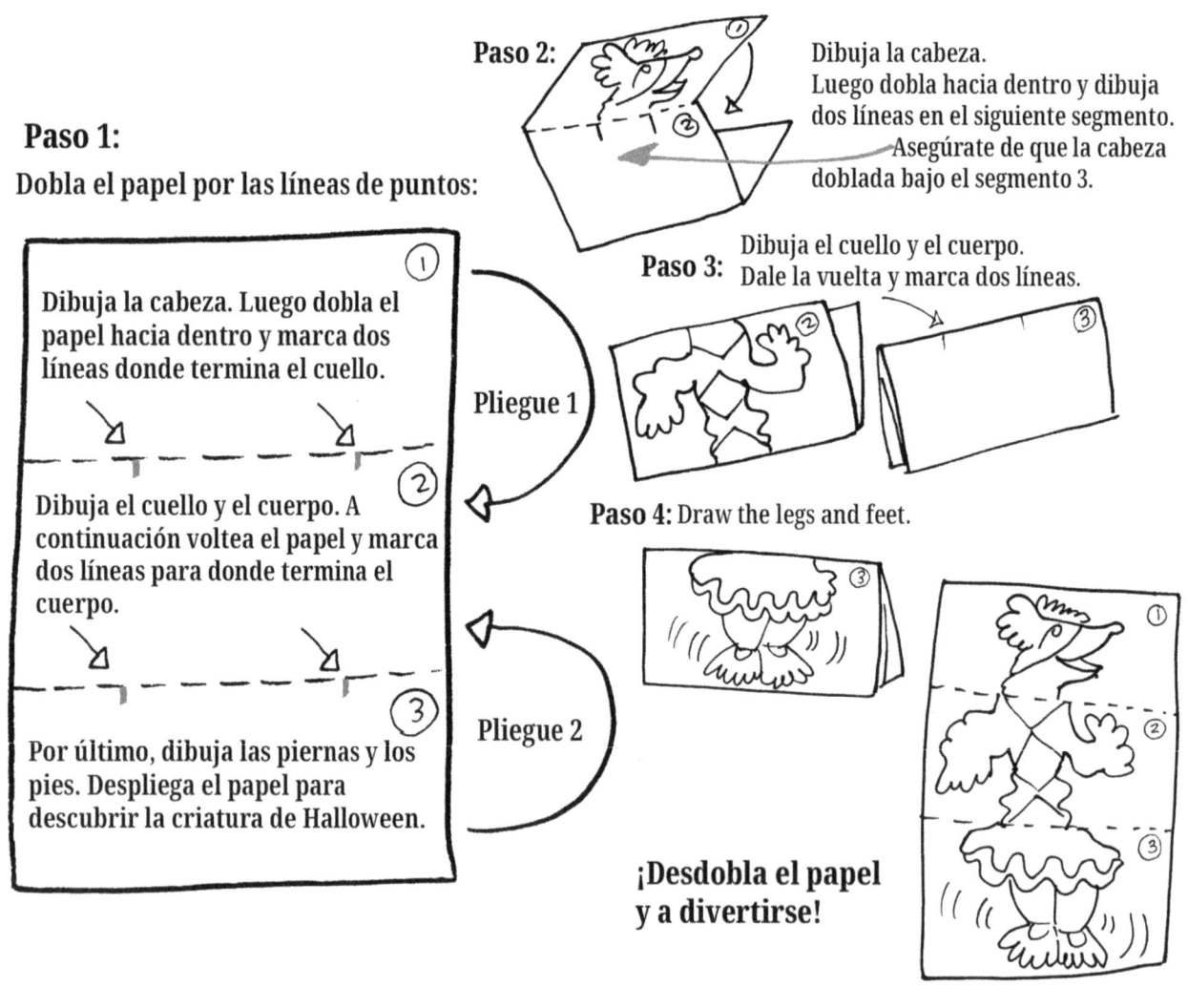

1.

2.

3.

1.

2.

3.

1.

2.

3.

1.

2.

3.

Un juego de Halloween doblando un papel- Parte 2
El juego de las combinaciones de Halloween

Una vez que hayas jugado **el Juego de Halloween Doblando un Papel Parte 1** varias veces, puedes probar **el Juego de las Combinaciones de Halloween**. Necesitarás tener tres o más criaturas de Halloween completas, y un par de tijeras.

1. Corta a lo largo de cada uno de los pliegues en cada criatura de Halloween.

2. Coloca todas las piezas boca abajo sobre una superficie grande (mesa, suelo, etc.), y mézclalas.

3. Cada jugador elige tres trozos de papel para hacer nuevas criaturas divertidas. Pero esta vez puede que todas resulten ser cabezas o pies. Para seguir jugando intercámbialas hasta que alguien consiga una criatura completa.

4. También puedes simplemente divertirte juntando diferentes combinaciones para encontrar las criaturas más divertidas de todas.

5. Usa tu imaginación. Nunca olvides que siempre puedes inventar nuevos juegos. ¡Las posibilidades son ilimitadas y muy divertidas!

Puedes guardar todos tus dibujos en un sobre para jugar más tarde.
Cuantos más dibujos guardes, ¡más divertido será el juego!

Un poco de historia sobre Tic-Tac-Toe

Las versiones del juego Tic-Tac-Toe se remontan a la antigüedad.

Los egipcios lo jugaban con piedras y conchas.

Los romanos utilizaban piedrecitas en un juego llamado "Terni Lapilli" (tres piedrecitas a la vez).

Una antigua versión nativa americana del juego se llama "Picaria".

En China, el Tic-Tac-Toe se llama "Jǐng Zì Qí" o "Quān Quān Chā Chā".

"Marupeke" es el nombre japonés de una versión de Tic-Tac-Toe.

En el Reino Unido, la República de Irlanda, Nueva Zelanda, Australia, partes de África y la India, el Tic-Tac-Toe se conoce como "Noughts/Naughts and Crosses".

En los países de habla hispana, se conoce como; "Tres en Raya" y "Totito".

En los Estados Unidos de América, se llama "Tic-Tac-Toe".

Puedes investigar por tu cuenta para saber más sobre el juego y aprender a jugar distintas versiones provenientes de todo él mundo y de otros tiempos.

Candy Tic-Tac-Toe
Tres en Raya / Totito

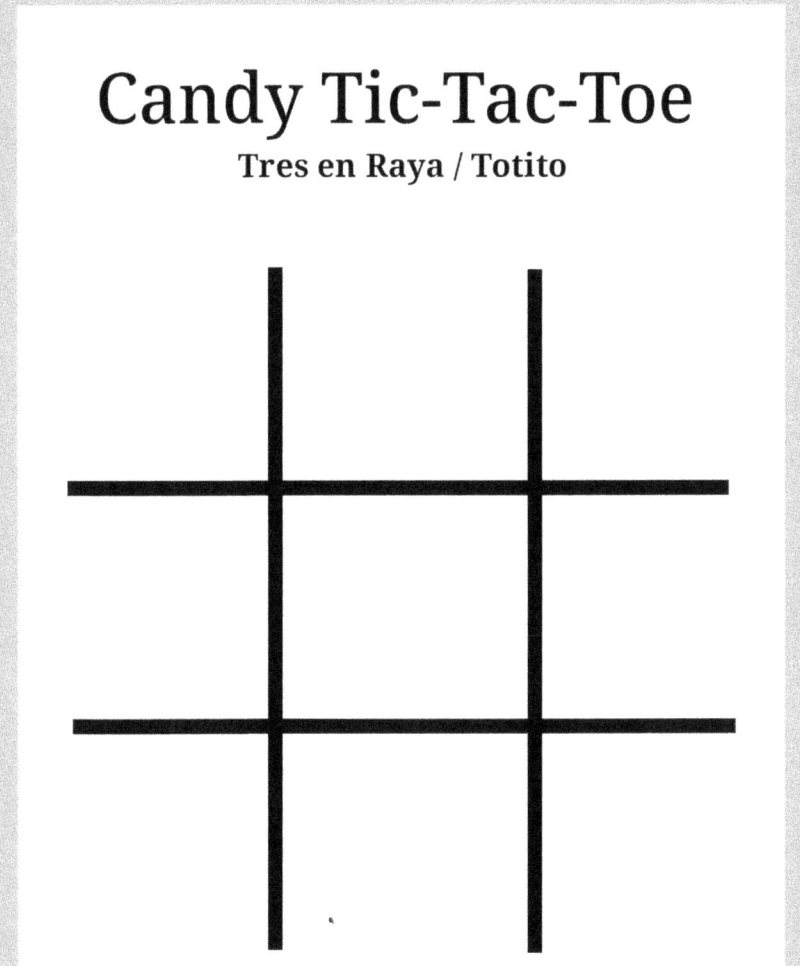

Candy-Tic-Tac-Toe también conocido como Tres en Raya o Totito.

Instrucciones:
1. Colorea la página como más te guste.
2. Recorta con cuidado las piezas.
3. Puedes emplasticar las piezas con cinta adhesiva transparente para que duren más.
4. Decora un sobre para guardar el tablero y las piezas. Si no tienes uno puedes hacer uno engrapando o pegando dos trozos de papel con cinta adhesiva.

Cómo se juega:
1. Cada jugador recibe cinco fichas iguales.
2. El jugador más joven va primero, colocando una de sus fichas en cualquier casilla.
3. Cada persona tiene un turno cada vez hasta que alguien gane consiguiendo colocar tres piezas seguidas.
4. En algunos casos, nadie consigue tres en fila. Eso se llama empate. ¡Diviértete!

Sopa de Letras de Halloween:

Instrucciones: Busca fila por fila, hacia arriba, hacia abajo, hacia atrás y en diagonal. Nunca te rindas, ¡las encontrarás todas!

A	D	Z	R	O	H	S	M	O	M	I	A
D	I	H	I	C	A	L	A	B	A	Z	A
I	S	V	T	H	L	L	O	B	O	N	T
V	F	T	R	N	L	P	O	G	A	T	O
E	R	A	A	U	O	B	A	T	R	B	A
R	A	T	P	M	W	L	H	L	O	Z	N
T	Z	A	M	F	E	L	I	Z	E	N	S
I	Q	R	O	I	E	A	N	U	L	T	O
D	U	L	C	E	N	E	S	C	O	B	A
O	T	R	U	C	O	O	D	U	L	C	E
B	U	H	O	E	S	T	R	E	L	L	A
M	Z	V	N	O	L	E	M	A	R	A	C

1. Halloween
2. Murciélago
3. Gato
4. Búho
5. Lobo
6. Truco o Dulce
7. Rata 
8. Feliz
9. Caramelo
10. Momia
11. Babas
12. Estrella
13. Luna
14. Paleta
15. Boo
16. Divertido
17. Escoba
18. Disfraz
19. Compartir
20. Otoño
21. Calabaza
22. Dulce

Los murciélagos

¿Sabías que algunas personas nos construyen **casas de murciélagos** a los lados de sus hogares para mantener alejados a los mosquitos y las moscas? Sí, nosotros **los murciélagos** somos un control de plagas natural que **no** daña nuestro planeta, al contrario, **¡somos muy útiles de muchas maneras!** Muchos insectos que son molestos para los humanos, resultan ser importantes y deliciosos alimentos para nosotros. También son alimento para pájaros, lagartos, ranas y muchos otros amigos animales con los que compartimos el planeta. Al igual que muchos bichos, abejas, roedores, y pájaros, somos **polinizadores** muy importantes (los polinizadores llevan el polen de una planta a otra, lo que da lugar a la reproducción de todas las distintas especies de plantas). Se puede decir que los polinizadores son los cupidos del mundo vegetal. ¿He mencionado que somos los únicos mamíferos del planeta que pueden volar? ¿Qué puedo decir? ***Nosotros, los murciélagos, ¡somos increíblemente útiles y necesarios!***

Bromas de Halloween

¿Cuál es el mejor deporte para jugar en Halloween?

R: **El béisbol**. ¡Porque cada dulce es un **Home Run**!

Escribe tu propio chiste de Halloween aquí:

_____

_____

_____

_____

_____

El Abejorro

Científicos han descubierto recientemente que los **abejorros** jugamos para divertirnos **¡Casi al igual que tú!.** Nos han observado jugando con bolitas de madera en sus laboratorios. ¿Con qué juguetes crees que nos gusta jugar en la naturaleza? ¿Sabes que nuestras reinas **hibernan** bajo tierra?

Para Halloween, preferimos recoger polen en vez de dulces. Ayudamos a transportarlo de una planta a otra, contribuyendo a llenar el mundo con todo tipo de plantas, ¡incluyendo árboles, vegetales y flores! Es lo que se llama **polinización.** ¿Sabías que algunas abejas parecen moscas? Algunas hacen sus nidos bajo tierra. Hay miles de diferentes tipos de abejas en el mundo, pero sólo ocho de nuestras especies son abejas **que producen miel**. *Sí, ¡somos únicas, cruciales y excepcionales!*

El Gato Doméstico

Soy un **gato**. Mis ojos brillan por algo llamado **tapetum lucidum** que son como pequeños espejos en mis ojos que reflejan la luz. Los gatos rara vez maullamos a otros gatos. Tal vez nuestro maullido a los humanos es nuestra versión de hablar su idioma. Lo sabemos, por supuesto, pero no lo decimos, porque nos gusta ser misteriosos y extraños; de hecho, se cree que nuestra extrañeza es uno de los rasgos que nos ha ayudado a sobrevivir en la naturaleza la usamos para confundir a cualquier depredador.

Ponle la Cola al Gato calabaza

Instrucciones:

1. Colorea el Gato Calabaza y las 5 colas.

2. Recorta el Gato Calabaza y cada una de las 5 colas numeradas. Recorta siguiendo las líneas punteadas.

3. Puedes emplasticar el Gato Calabaza y todas las colas en una emplasticadora; o con cinta adhesiva transperente para que duren más tiempo.

4. Puedes decorar un sobre para guardar todas las piezas de juego para más tarde. Si no tienes un sobre, puedes hacer uno engrapando o uniendo dos trozos de papel con cinta adhesiva.

Cómo se juega:

Ponle la Cola al Gato Calabaza es un juego que puedes jugar tú solo o con hasta 4 personas más.

Puedes jugar de dos maneras: sobre una mesa, o en una pared. Para jugar en una pared, necesitarás cinta adhesiva. Para jugar sobre una mesa, no necesitarás cinta adhesiva.

1. Coloca el Gato Calabaza sobre una mesa o pégalo a la pared con cinta adhesiva.

2. Entrega a cada jugador una cola y un trozo de cinta adhesiva para que puedan pegar su cola al Gato Calabaza.

3. El jugador más joven va primero. Véndale los ojos o pídele que los cierre con fuerza.

4. Cada jugador se turna para colocar la cola donde crea que debe ir.

5. ¡Diviértete jugando!

Ponle la Cola al Gato Calabaza Ejemplos:

Estas son algunas de las divertidas posibilidades que pueden ocurrir al jugar:

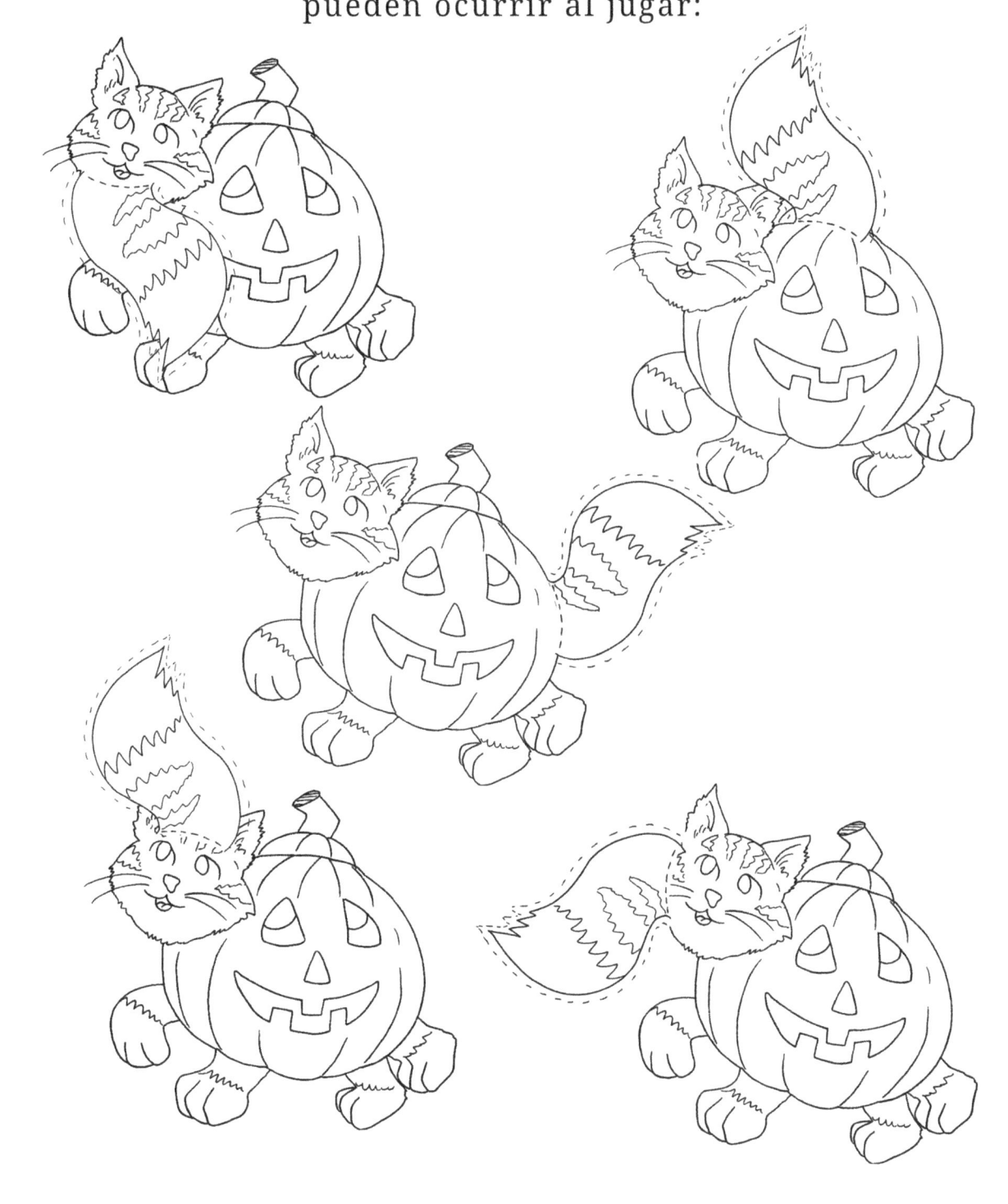

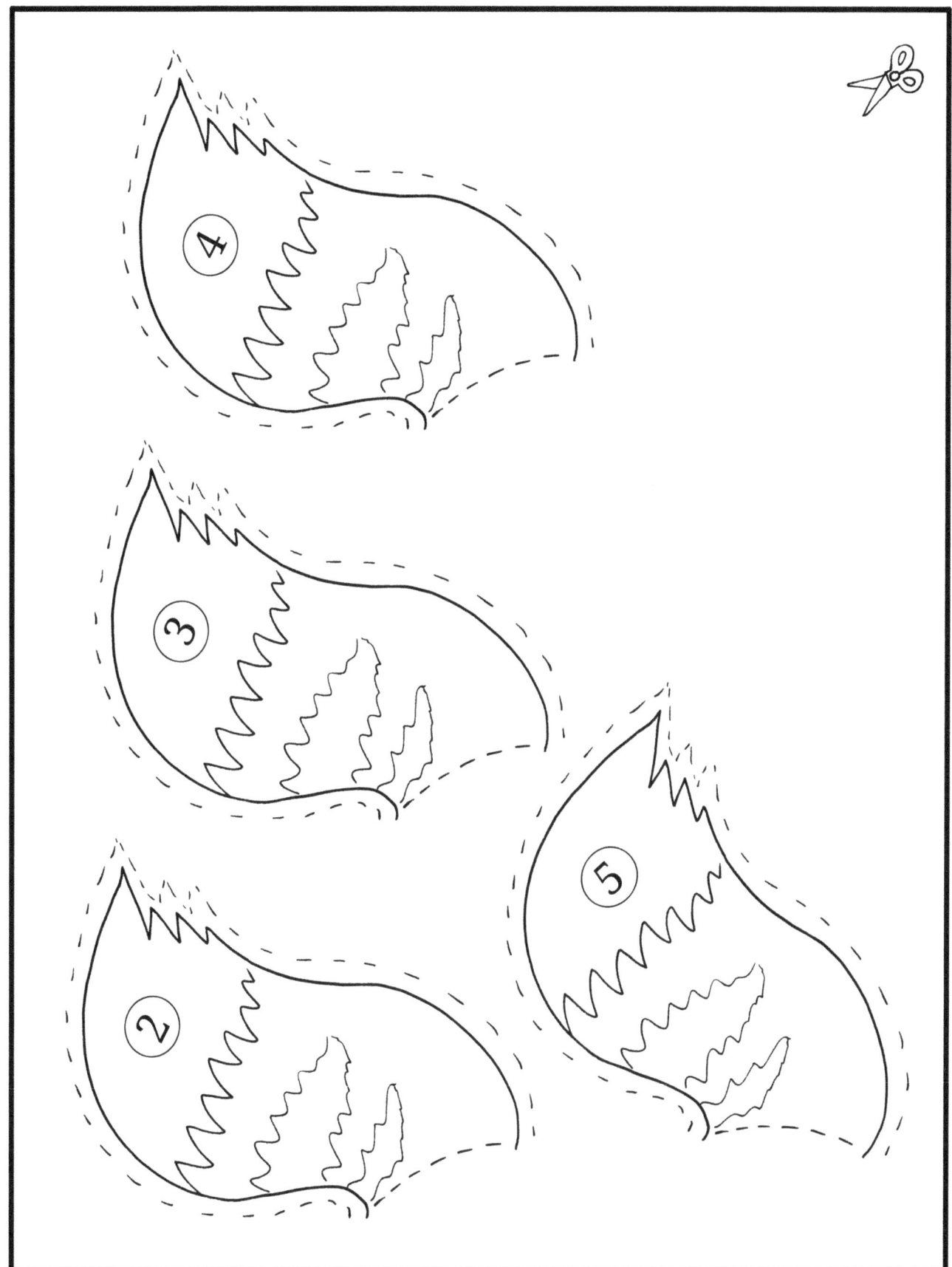

Colorea el Gato Calabaza. A continuación, corta a lo largo de la línea punteada para remover la página.

Laberinto de Halloween

Truco-o-Dulce en tu camino de vuelta a tu Hogar Dulce Hogar,
¡pero ten cuidado!

El Perrito

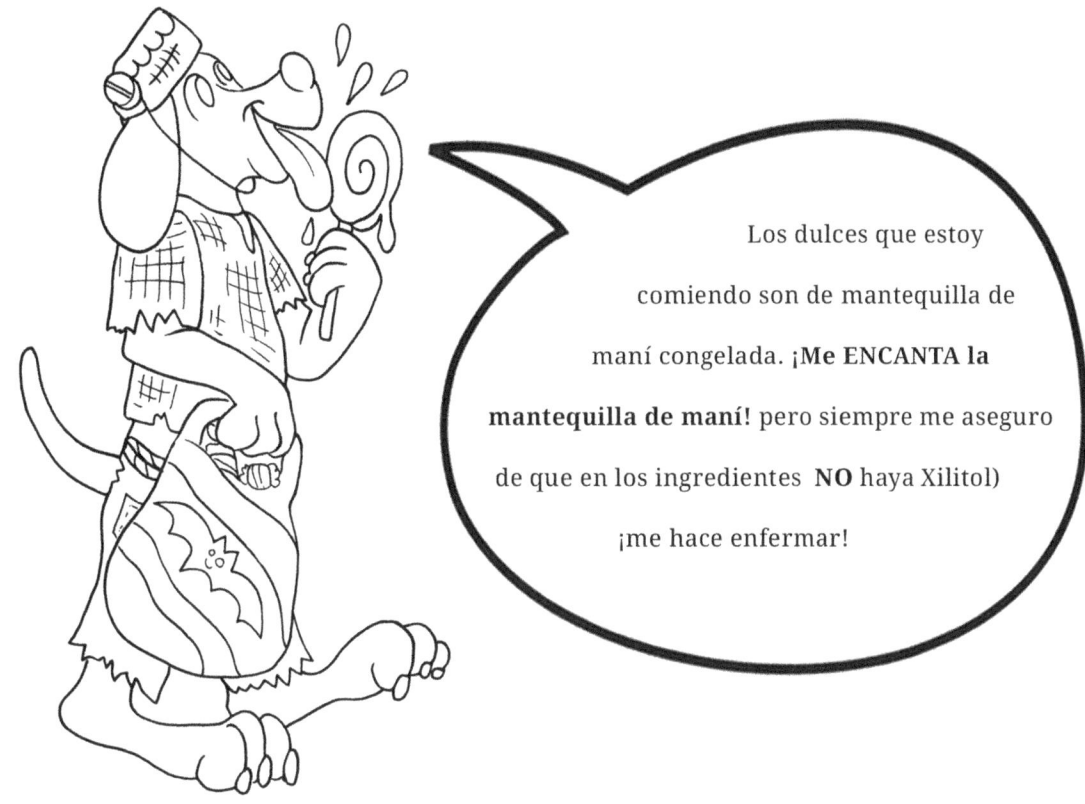

Los dulces que estoy comiendo son de mantequilla de maní congelada. ¡**Me ENCANTA la mantequilla de maní!** pero siempre me aseguro de que en los ingredientes **NO** haya Xilitol) ¡me hace enfermar!

¿Apuesto a que sabes quién soy? Sí, **soy** tu querido amigo canino, **el perrito**. Desgraciadamente, por mucho que nos gustaría, los perros no podemos comer muchos tipos de alimentos humanos que tu sí puedes comer. Muchos de nuestros dueños desconocen algunos de los alimentos más peligrosos que un perro nunca debe comer. He aquí algunos de ellos: NO chocolate ni endulzantes artificiales como el Xilitol. No podemos comer cebollas, ajo, uvas, masa de levadura, nueces ni macadamias. Por favor dile a tus familiares y amigos para evitar que nos enfermemos. Y por mucho que te lo ruegue, por favor, no compartas tus dulces de Halloween conmigo. Puedes pedirle a un adulto que te ayude a encontrar golosinas que sean seguras para mí, ¡y seguro que me gustaría comer palomitas de maíz contigo y ver películas de Halloween!

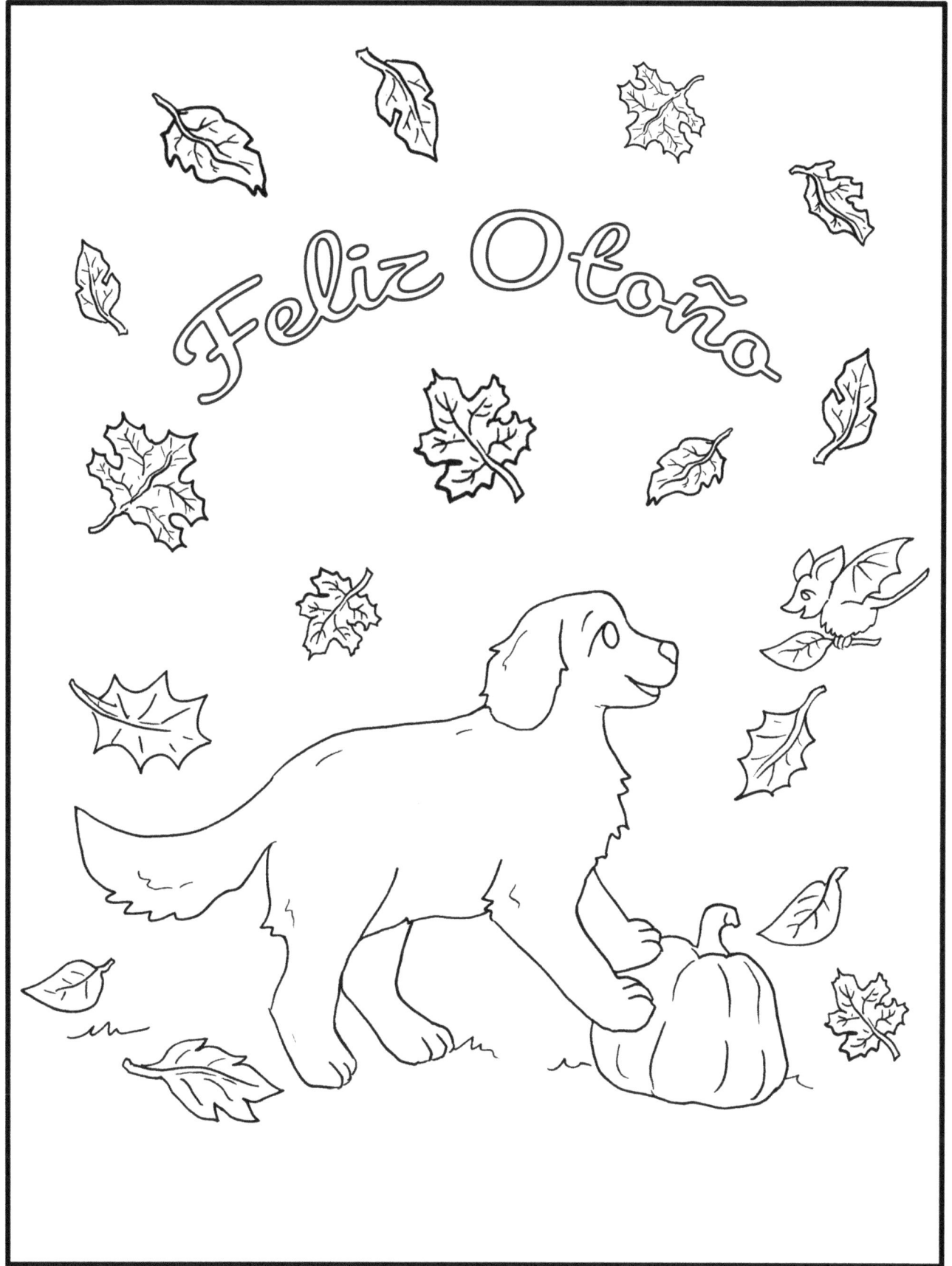

Juego de palabras: El Café de Halloween

Instrucciones: Puedes jugar a este juego de palabras en familia, con amigos o tú solo. **Primero,** rellena los espacios en blanco numerados en **la página de la lista de palabras de Halloween** con el tipo de palabras que te pida, pero no mires la página del cuento hasta que termines.

A continuación, rellena los espacios en blanco numerados en la página del cuento **Menú en el Café Halloween** con las palabras de tu lista de palabras para rellenar. **Por último,** léelo en voz alta y ¡diviértete!

Para jugar, debes saber qué es un sustantivo, un verbo y un adjetivo:

Un SUSTANTIVO es una palabra que lo nombra todo, una persona, un lugar o una cosa. Desde lo más pequeño a lo más grande que existe, desde un planeta a un lápiz, desde un insecto a una galaxia, un sustantivo es simplemente el nombre de todo y de cualquier cosa real o imaginaria. Un sustantivo puede ser incluso un personaje de tus películas o tus libros favoritos.

Un VERBO es una palabra que describe una acción. Todo lo que hace un sustantivo es un verbo. Por ejemplo: correr, saltar, bailar, cantar, reír, gritar, leer, dormir, comer, parpadear. Incluso pensar o quedarse quieto es una acción y por lo tanto un verbo.

Un ADJETIVO es una palabra que describe a un sustantivo. Un sustantivo puede ser: grande, pequeño, peludo, feliz, enérgico, gruñón, dulce, azul, desordenado, suave, desigual, hermoso, agrio, inteligente, extraño, divertido, absurdo. Los adjetivos lo describen todo.

He aquí un pequeño ejemplo:

Un ___*Rizado*___ murciélago pidió un gran tazón de ___*Calcetín*___
     1. Adjetivo   *2. Sustantivo*
helado con ___*10,000*___ frambuesas y un ___*Feo*___ - ___*Grillo*___
            3. Número   *4. Adjetivo*   *5. Insecto de elección*
para terminar.

Lista de palabras de Halloween:

1. Adjetivo: _____
2. Adjetivo plural: _____
3. Adjetivo: _____
4. Sustantivo _____
5. Número _____
6. Verbo _____
7. Tipo de insecto _____
8. Algo asqueroso _____
9. Tipo de dulce _____
10. Sustantivo _____
11. Sustantivo asqueroso _____
12. Algo apestoso _____
13. Número _____
14. Sustantivo apestoso _____
15. Tipo de dulce _____
16. Tipo de insecto _____
17. Tipo de helado _____
18. Palabra repugnante _____
19. Tipo de postre _____
20. Animal _____
21. Insecto volador _____
22. Animal de Halloween _____
23. Tipo de insecto _____
24. Verdura menos favorita _____
25. Animal de Granja _____
26. Algo asqueroso _____
27. Parte del cuerpo en plural _____
28. Número _____
29. Dulce favorito _____
30. Adjetivo _____
31. Número _____

Menú en el Café Halloween

¡Bienvenido al _____ *Café Halloween* donde servimos las mejores
   1. Adjetivo

_____ comidas de la ciudad! Toda nuestra comida es preparada por el
2. Adjetivo plural

chef de renombre mundial _____ _____ Le'Sweet. Tenemos
                              3. Adjetivo   *4. Sustantivo*

_____ platos de Halloween en nuestro menú.
5. Número

Aquí Están Los Especiales de Hoy:

Para empezar, tenemos:

1. Palitos de mozzarella con el queso _____ .
                                             6. Verbo

2. Deliciosamente al vapor pastelitos de _____ .
                                              7. Tipo de insecto

Para el plato principal, puedes elegir entre:

3. Una gigantesca parrillada de _____ y una hamburguesa de
                                      8. Algo asqueroso

_____ acompañada de _____ recién horneado. Puedes elegir
9. Tipo de dulce   *10. Sustantivo*

entre pan de_____, o pan de _____ orgánico.
         11. Sustantivo asqueroso   *12. Algo apestoso*

4. Una Pizza de queso de_____ metros, cubierta con su elección de
                            13. Número

_____, y _____, o _____ y _____. Con
14. Sustantivo apestoso *15. Tipo de dulce* *16. Tipo de insecto* *17. Tipo de helado*

corteza rellena, extra fina o doble de _____ .
                                       18. Palabra repugnante

5. Aulladoramente delicioso spagetti de _____.
                                             19. Tipo de postre

6. _____ frito con tacos de _____ .
       20. Animal   *21. insecto volador*

Para una comida más ligera, tenemos dos opciones granjeras:

7. _____ fresco y sopa de fideos con brotes de remolacha.
       22. Animal de Halloween

8. Ensalada de_____, _____, y _____, con extra
                  23. Tipo de insecto *24. Verdura menos favorita* *25. Animal de granja*

_____. Para el postre, ofrecemos una taza extra grande de
26. Algo asqueroso

chocolate caliente con sabor a _____, acompañado de una
                                27. Parte del cuerpo en plural

bandeja de brócoli de _____ metros. Finalmente, una gran porción
                      28. Número

de_____ - _____, con pastel de calabaza cubierto con _____
   29. Dulce favorito *30. Adjetivo*   *31. Número*

metros de crema batida.

¡Buen Provecho!

El Delfín

¿Sabía que nosotros, **los delfines**, somos ballenas? Nuestras primas, **las Orcas**, son las más grandes de nuestra familia de delfines. Seguramente no sabías que sólo la mitad de nuestro cerebro duerme a la vez, mientras que la otra mitad permanece alerta, atenta a cualquier peligro. También ayudamos a familiares enfermos o heridos, e incluso se sabe que ayudamos a humanos en apuros. Tenemos dos estómagos y nunca masticamos la comida. ¡Qué raro! Con nuestros dos estómagos, podríamos comer el doble de dulces de Halloween *¡si tan sólo nuestras madres nos lo permitieran!* **¡Feliz Halloween!**

Juego de escritura de Halloween: ¡El guía turístico no es humano!

Usa tu imaginación para terminar la historia como más te guste y haz un dibujo que la acompañe.

Gané un billete para nadar con delfines en Hawai en Halloween. Al subir al barco, me di cuenta de que el guía no era un ser humano, sino un...

_____

_____

_____

_____

_____

_____

_____

Juego de escritura de Halloween: ¡El guía turístico no es humano!

Puedes continuar tu historia aquí:

La Rana

Las ranas fuimos los primeros animales terrestres conocidos que desarrollaron cuerdas vocales. Y lo creas o no, ¡hemos vagado por la Tierra desde la época de los dinosaurios! La mayoría de las ranas ponen huevos en su entorno, pero **la Rana Marsupial** tiene una bolsa como un canguro, donde guarda sus huevos hasta que nacen las crías. Hay muchos tipos de especies de ranas extrañas e inusuales en mi familia, incluso una que puede planear de árbol en árbol, llamada **la Rana Voladora de Costa Rica**. ¿Sabías que hay una rana llamada **la Rana Peluda**, apodada l**a Rana Lobezno**, que, como puedes adivinar, parece tener pelos y puede romper los huesos de los dedos de sus pies para mostrar garras cuando está en peligro? Sí, señor, ¡ese soy yo en el dibujo! Mi tejido peludo me ayuda a absorber más oxígeno, como las branquias de un pez, eso me ayuda a pasar más tiempo en el agua protegiendo los huevos que mamá rana acaba de poner. Oh sí, **¡las ranas somos animales extraños y asombrosos!**

Un dulce y feliz Halloween!

El diario de la calabaza
Rana-Noticias

¡EXTRA! ¡EXTRA! ¡Es Halloween!

El Sapo

Lo creas o no, un grupo de sapos se llama un nudo! Muchas de nuestras especies producen veneno a partir de una glándula en la parte posterior de nuestras cabezas; una de las más venenosas se llama **sapo de caña**. **Parpadear es vital** para nosotros, necesitamos parpadear cuando tragamos la comida. Mucha gente piensa que sólo hacemos un fuerte graznido, pero emitimos una gama única de sonidos, desde hermosos gorjeos cantarines hasta graznidos y zumbidos.

Respiramos a través de nuestros pulmones como ustedes, pero también respiramos a través de nuestra piel. Nosotros los sapos llevamos el reciclaje a otro nivel; cuando mudamos nuestra piel, ¡la enrollamos debajo de nuestra lengua y la comemos!

¡Nuestro dicho es: No dejes residuos atrás!

Juego de Escritura de Halloween: ¡Hay Un Sapo En La Cocina!

Usa tu imaginación para terminar la historia como más te guste y haz un dibujo que la acompañe.

Con una voz más grave de lo común, oyes: "¡El desayuno está listo!". Corres a la cocina para ver si hay algo especial para la mañana de Halloween, pero en lugar de una cara conocida que te pasa el plato, un sapo gigante con gorro de mago está asando un malvavisco ante tus ojos, y entonces...

_____

_____

_____

_____

_____

_____

Juego de Escritura de Halloween: ¡Hay Un Sapo En La Cocina!

Puedes continuar tu historia aquí:

El Manatí

A nosotros, **los manatíes**, nos confundieron con sirenas en el pasado, y nuestro pariente terrestre más cercano es el elefante. Muchas veces nos confunden con nuestra prima mayor, la vaca marina. Podemos llegar a medir 4 metros de largo, *¡y seguro que no sabías que existimos desde la época de los dinosaurios! Somos muy especiales.*

Hoja de Maple

El delicioso **Jarabe de Maple** se obtiene de la savia de
los ***árboles de Maple***, conocidos también como ***Arces***.
Se necesita mucho trabajo para que el jarabe salga bien.
Para producir un galón de jarabe se necesitan unos
40 galones de savia.

Libros y películas de Halloween

¿Cuál es el clima favorito de un genio?

R: ¡Una tormenta de ideas!

Escribe una lista de tus libros y películas favoritas de Halloween:

_____

_____

_____

_____

_____

_____

_____

_____

El Ratón Saltamontes

Puedes llamarme el "**Ratón Hombre-Lobo**", la mayoría de la gente lo hace, pero mi verdadero nombre es el **Ratón Saltamontes** de Norteamérica, y yo aullo como un pequeño lobo en la noche. Sí, soy súper, pero ¿puedes creer que me he adaptado para que ya no me afecten ciertas picaduras de escorpión? ¿Sabías que mi primo, el ratón de campo es monógamo (lo que significa que cuando encuentran su verdadero amor, permanecen juntos de por vida)? ¡Los ratones somos pequeños, pero somos *increíbles!*

Topo Nariz de Estrella

Me gustan los bosques, las orillas de los ríos y los pantanos. Puedes encontrarme en Norteamérica. **Soy el Topo Nariz de Estrella**, marcado por mi extraña y especial nariz en forma de tentáculos de estrella. No la uso para oler, en cambio, mis 22 antenas nasales llamadas **rayos**, son más como dedos y ojos para encontrar y atrapar mis deliciosas comidas, como gusanos, insectos y otros animales pequeños. ¡Tengo más nervios sensoriales y puedo comer más rápido que cualquier otro mamífero! Podría comerme tus dulces de Halloween más rápido de lo que podrías desenvolver una barra de chocolate, por suerte solo iría por bichos de patata o grillos cubiertos de chocolate. Hay muchas otras cosas extrañas e interesantes sobre mí, pero necesitaría mucho más espacio para contarte. *¡Feliz Halloween!*

Dibuja una cara chistosa en la calabaza.

Ponle un nombre gracioso a tu calabaza:

_____

Dibuja tu disfraz de Halloween de este año:

Halloween Tic-Tac-Toe

Puedes utilizar monedas, o dos tipos de dulces, o puedes recortar las galletas y pastelitos de esta página y ¡a divertirse!

Momias Animales

¿Sabías que en el **Antiguo Egipto** se hacían momias de animales, incluyendo perros, gatos, toros, halcones, pájaros, serpientes, hipopótamos y cocodrilos? ¡Los egipcios de aquella época estaban realmente *envueltos* en la fabricación de momias!

El Búho

Los búhos somos animales increíbles. Somos muy inteligentes. Nuestros bebés se llaman lechuzas. Cuando estamos en un grupo, se nos llama un parlamento, una sabiduría, una mirada, un congreso, o un zumbido, ¡y tenemos tres párpados! Hay más de 200 especies de nosotros en el mundo, algunos son muy inusuales, pero todos somos ***increíbles.*** Nuestro vuelo silencioso es admirado en todo el reino animal.

un Búho-en Halloween

Feliz Halloween

Juego de Escritura: El Misterio de los Dulces de Halloween

Usa tu imaginación para terminar la historia como más te guste y haz un dibujo que la acompañe.

Estás buscando entre tus dulces de Halloween cuando encuentras algo increíble, es un...

Juego de Escritura: El Misterio de los Dulces de Halloween

Puedes continuar tu historia aquí:

Feliz Halloween pequeño búho

Leyendo *un* Búho-en libro

hoja por hoja

El Cerdo

Los cerdos somos extremadamente inteligentes, de hecho estamos entre los animales más inteligentes del planeta. Algunas personas nos tienen como mascotas y podemos aprender nuestros nombres y otros trucos en un par de semanas. Algunos hemos aprendido a pintar como artistas, no solo lo disfrutamos, sino que estamos entre los mejores pintores del reino animal. Otros amigos animales, como elefantes, gorilas, el chimpancé, caballos, focas, leones marinos, perros, loros, delfines y belugas, también han aprendido a ser pintores increíbles. Algo más que quizás no sepas sobre nosotros es que nuestras madres nos cantan cuando somos bebés, que nos gusta dormir nariz con nariz, que no sudamos y que tenemos una memoria excelente. Definitivamente se puede decir que los cerdos somos ¡asombrosos!

¡Haz de tu calabaza una obra maestra!

Dibuja una cara en la calabaza

Ponle nombre a tu calabaza:

_____

La Calabaza

Las calabazas son originarias de Centroamérica. Sorprendentemente, casi se extinguieron durante la Edad de Hielo.

La Rata

Las ratas somos un enigma. Algunos nos adoran, otros nos detestan. A lo largo de la historia hemos tenido mala fama, ya que la gente pensaba que llevábamos pulgas infectadas por todo el mundo para propagar una terrible enfermedad llamada **peste bubónica, que aproximadamente comenzó en los años 1300.** Estudios recientes sugieren que las pulgas y los piojos de los humanos fueron la causa principal de la propagación. Menos mal que por fin se han aclarado las cosas. En un tono más amable, algunos humanos nos tienen como queridas mascotas, somos leales y nos gusta jugar. Pero, al igual que a todos los animales, al ser salvajes no nos gusta ser mascotas, sólo las ratas de una tienda de animales disfrutan de la vida domestica con humanos. Contrariamente a la creencia popular, somos muy limpias. Somos inteligentes y nos preocupamos por nuestros congéneres. ¿Sabía que nos reímos cuando nos hacen cosquillas? Los humanos no pueden oír muchos de los sonidos que emitimos. Necesitamos nuestros bigotes para ayudarnos a mantener el equilibrio. Y algo que muchos no saben es que somos animales importantes en este planeta, ya que somos un alimento esencial para muchos **animales de presa**, como búhos, halcones, zorros, lobos y más. Y somos **polinizadores**, ya que ayudamos a esparcir semillas para que las plantas se reproduzcan. También podemos ser plagas, ya que podemos masticar plástico, hormigón, aluminio y bloques de madera. Necesitamos masticar cosas porque nuestros dientes nunca dejan de crecer... Así que ten cuidado con tus dulces de Halloween. Nos encantan los dulces. De hecho, ¡nos gusta la comida humana tanto como a ti! **En general, somos animales inteligentes y fascinantes.**

Dibuja tu sándwich de Halloween:

Ingredientes:

_____

_____

_____

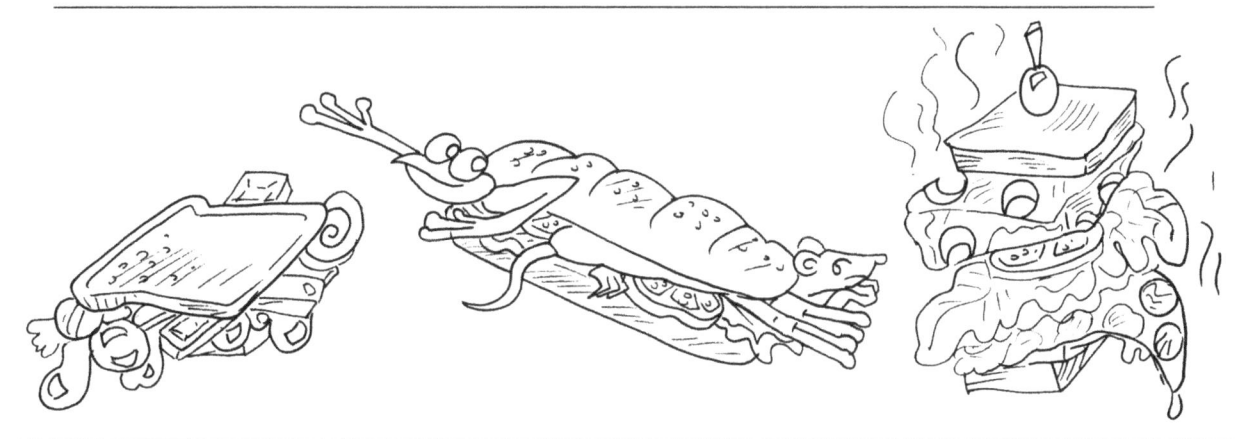

Tiburón

A los **tiburones blancos** se nos conoce como los tiburones más grandes y temidos del mar... Pero hay un lado menos conocido de nosotros. Aunque somos solitarios y reservados, nos hacemos amigos, nos saludamos y a veces compartimos nuestra comida. Así que, ¡piensa en nosotros cuando compartas tus dulces de Halloween!
¡Feliz Halloween!

El Tiburón Martillo

A pesar de que **los tiburones martillo** somos carnívoros (lo que significa que comemos otros animales), algunos de nosotros tenemos pasto marino en nuestra dieta, que, como se puede adivinar, es inusual para un tiburón. También somos inmunes al veneno en las púas de la manta raya.

El Pez Vela

Los **peces vela** tenemos un calentador especial incorporado para mantener calientes los ojos y el cerebro en el frío océano, igual que nuestros primos de la familia de los picudos, los marlines, los peces espada y los peces lanza. Somos los peces más rápidos del mar, y podemos nadar hasta a 70 millas por hora. Eso es tan rápido como algunos vehículos van en la autopista. Tenemos unos colores asombrosos, con el azul oscuro en la parte superior del cuerpo, que se convierte en un arco iris de tonos azul-marrón y plateado hacia el vientre. ¿Sabías que algunos de nosotros podemos cambiar de color al instante? De un azul púrpura oscuro a un celeste con rayas o manchas amarillas. Cuando estamos cansados, podemos volvernos de un color marrón cobrizo.¡Ni siquiera necesitamos un disfraz de Halloween!

Camarón

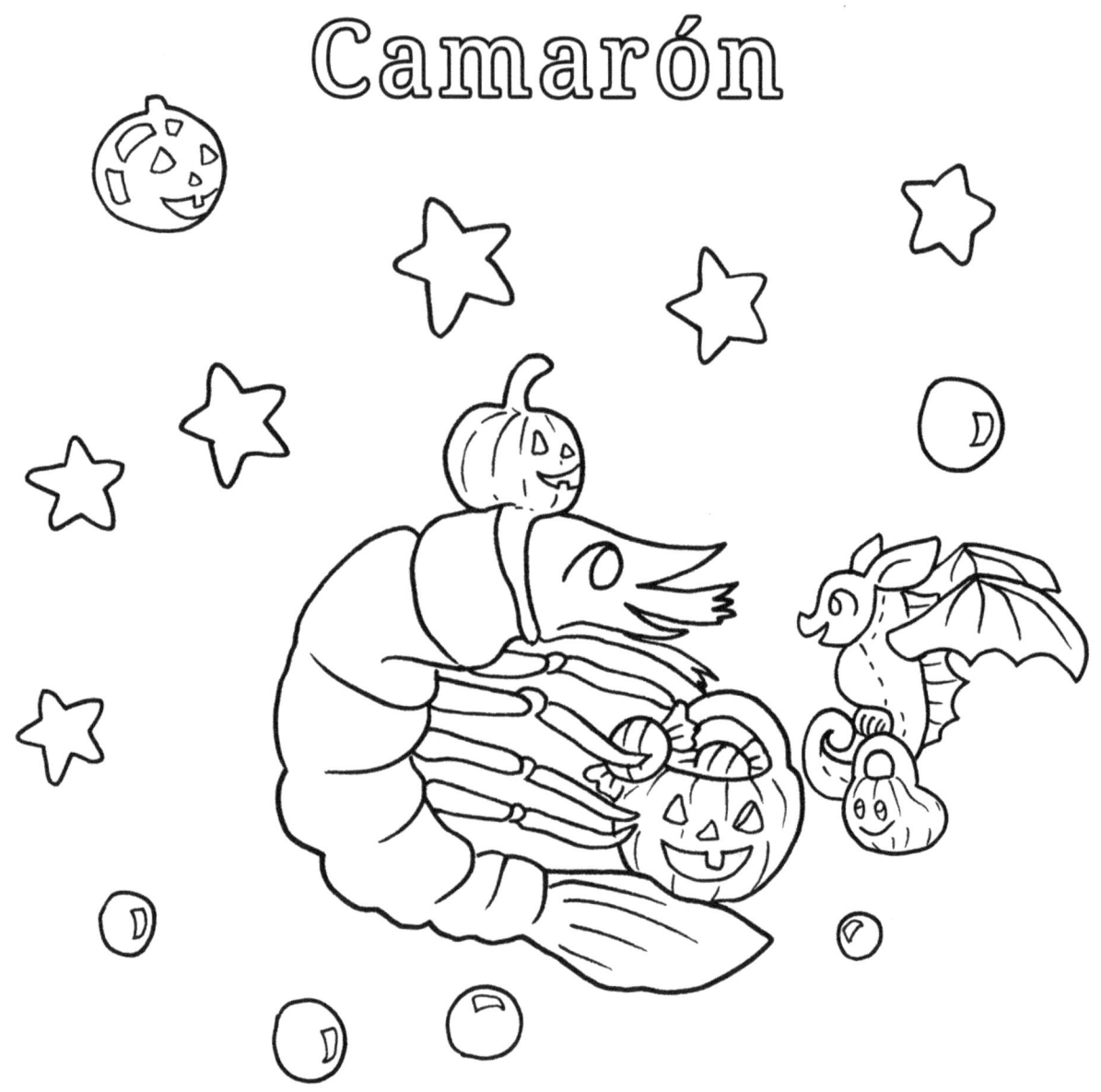

Nosotros, **los camarones**, tenemos el corazón en la cabeza. El **camarón 'Opae 'ula** de Hawai viven hasta veinte años y mucha gente nos tiene como mascotas. Algunos ayudamos a mantener a animales marinos como tiburones y otros peces libres de bacterias, algas y parásitos. Una de nuestras especies, **el camarón mantis**, puede ver los colores con más intensidad que los seres humanos.

La Tortuga

Algunas tortugas pueden vivir hasta 150 años o más. Tenemos una prima de caparazón blando llamada **Pelodiscus sinensis** que orina por la boca. Las más pequeñas son las tortugas **Barro y Almizcle**, que tienen el tamaño de una barra de chocolate. Las tortugas más grandes se llaman **laúd** y pueden llegar a medir dos metros y medio de largo y pesar hasta dos mil kilos. Incluso tuvimos un ancestro de tortuga marina gigante de trece pies llamado **Arquelón**, ¡Vivió junto a los dinosaurios!

Lo que más me gusta de Halloween:

El Lobo

¿Cuál es mi comida favorita? *¡Dulces!* Jaja, ¡es una broma! Nosotros l***os lobos*** somos 100% **carnívoros** (lo que significa que comemos carne). Somos los más grandes de **la familia de los Cánidos** a la que pertenecemos, junto con zorros, coyotes, chacales, dingos y el querido perro doméstico. Además, los lobos grises somos monógamos (es decir, cuando nos enamoramos, nos quedamos con nuestra pareja toda la vida, igual que nuestros primos, el zorro, el coyote y el dingo). Me encantaría compartir contigo tus dulces de Halloween, ***¡pero me temo que estaré demasiado ocupado aullándole a la luna!***

¡Feliz Halloween!

Chistes Aullantes de Halloween

¿Qué hacen los lobos con sus dulces de Halloween?

R: ¡Los devoran!

Aquí puedes escribir más chistes de Halloween *aullantemente* divertidos:

_____

_____

_____

_____

_____

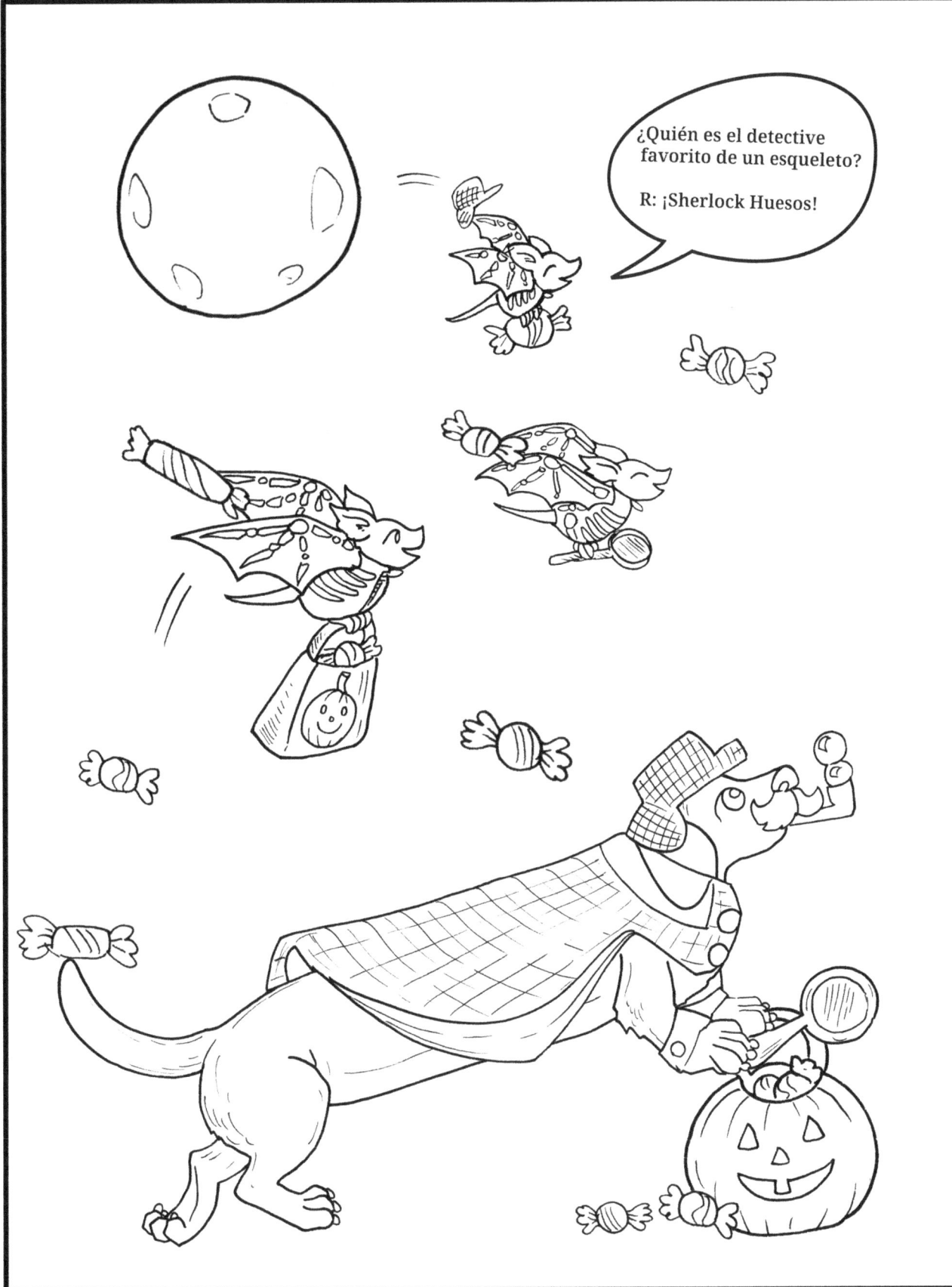

Muñecos de papel de Halloween

Instrucciones:

1. **Primero colorea** los muñecos de papel: perro, gato o cerdo y sus disfraces.
*Asegúrate de **colorear antes de recortar**, o las piezas pueden romperse.

2. **Después de colorear**, saca las páginas de los muñecos de papel y de los disfraces y **recórtalos con cuidado**.

*Si te resulta muy difícil, **pide ayuda** a tus padres o a un adulto.
*Ten mucho cuidado de **no cortar las lengüetas**, recuerda que puedes usar cinta adhesiva para arreglarlas.

3. Una vez coloreadas y recortadas todas las piezas, coloca el disfraz y **dobla las lengüetas** para que no se mueva de su sitio.
Si necesitas ayuda para ver cómo deben quedar los disfraces, sólo tienes que mirar los Ejemplos de Muñecos de Papel de Halloween de la página siguiente.

*Puedes colorear y recortar los ejemplos de muñecos de papel más pequeños y los caramelos si quieres formar tu propio grupo de "Truco o Dulce".

4. Colorea y recorta una o todas las páginas de Las Casas de Truco o Dulce para que puedas llevar a tus muñecos de papel de casa en casa.

5. Puedes guardar todas las piezas de los muñecos de papel en un **sobre** cuando termines de jugar. Si no tienes un sobre, puedes hacer uno engrapando o pegando dos trozos de papel.

Y lo más importante de todo es que: ¡**Te diviértas**!

Ejemplos de disfraces para el muñeco de papel

Aquí tienes los 7 disfraces para los perritos. Puedes vestir a tu muñeco de papel como los ejemplos que se muestran aquí o como más te guste. Colorea y recorta los perritos y los dulces de Halloween de esta página para más diversión.

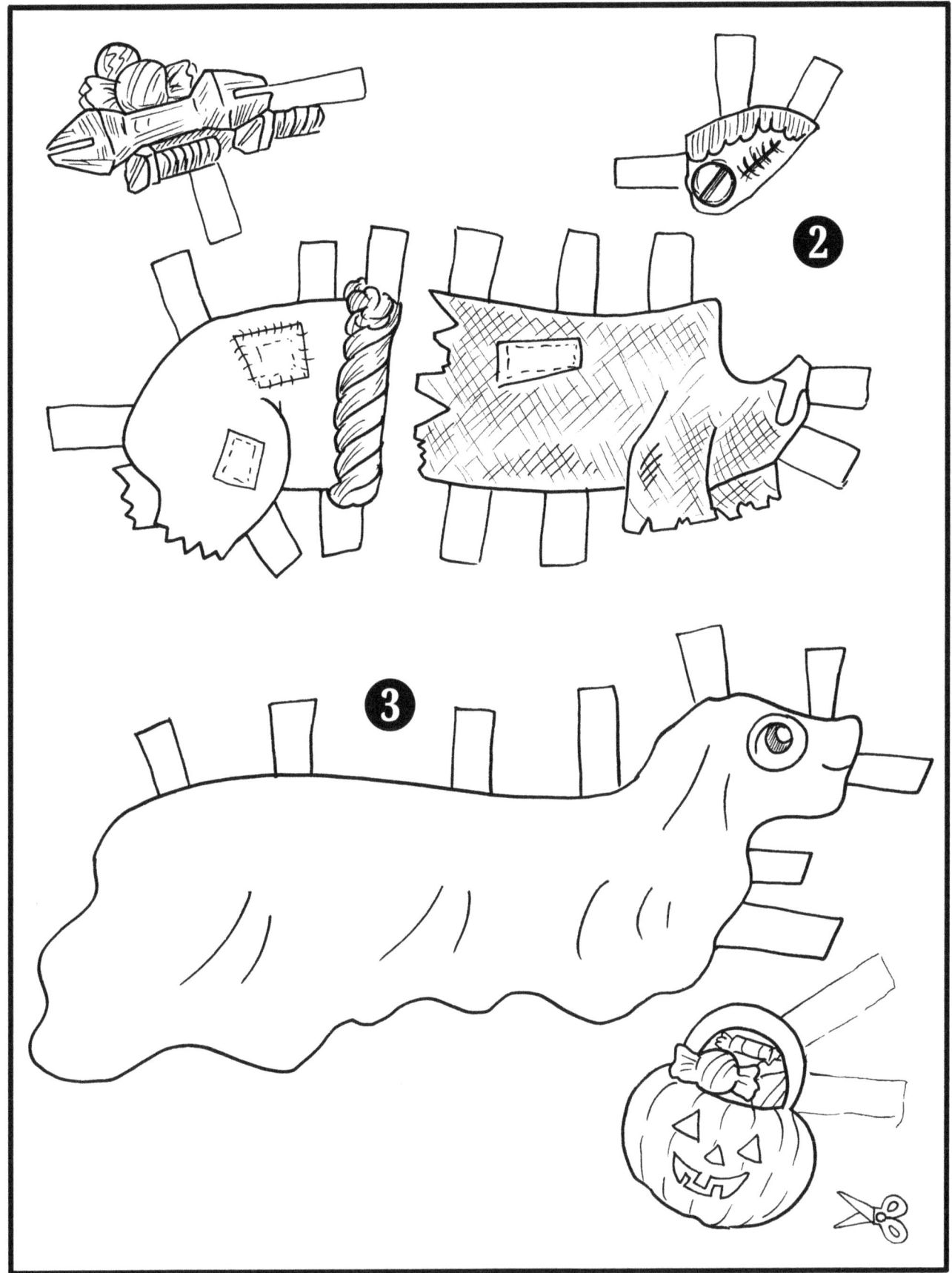

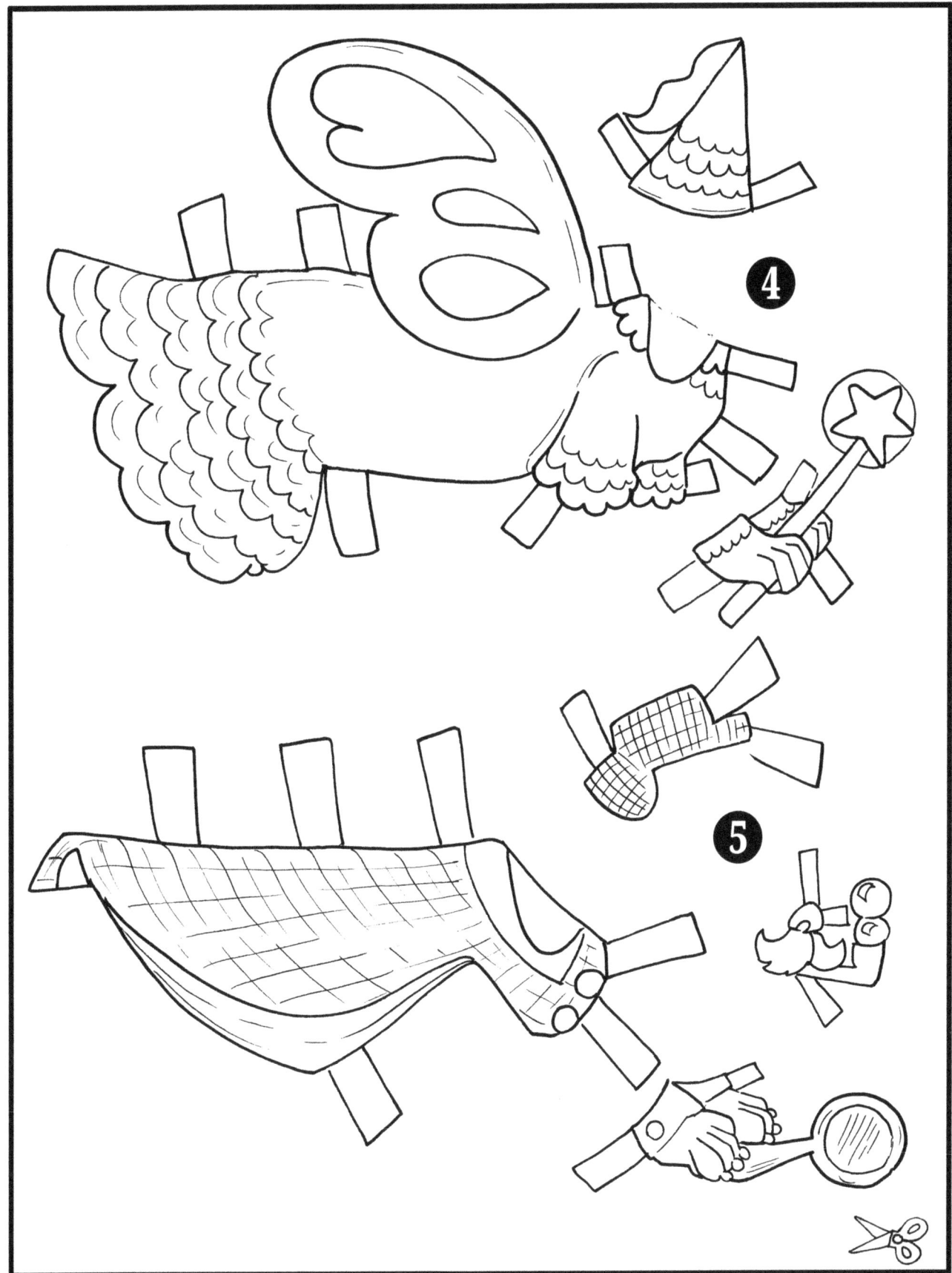

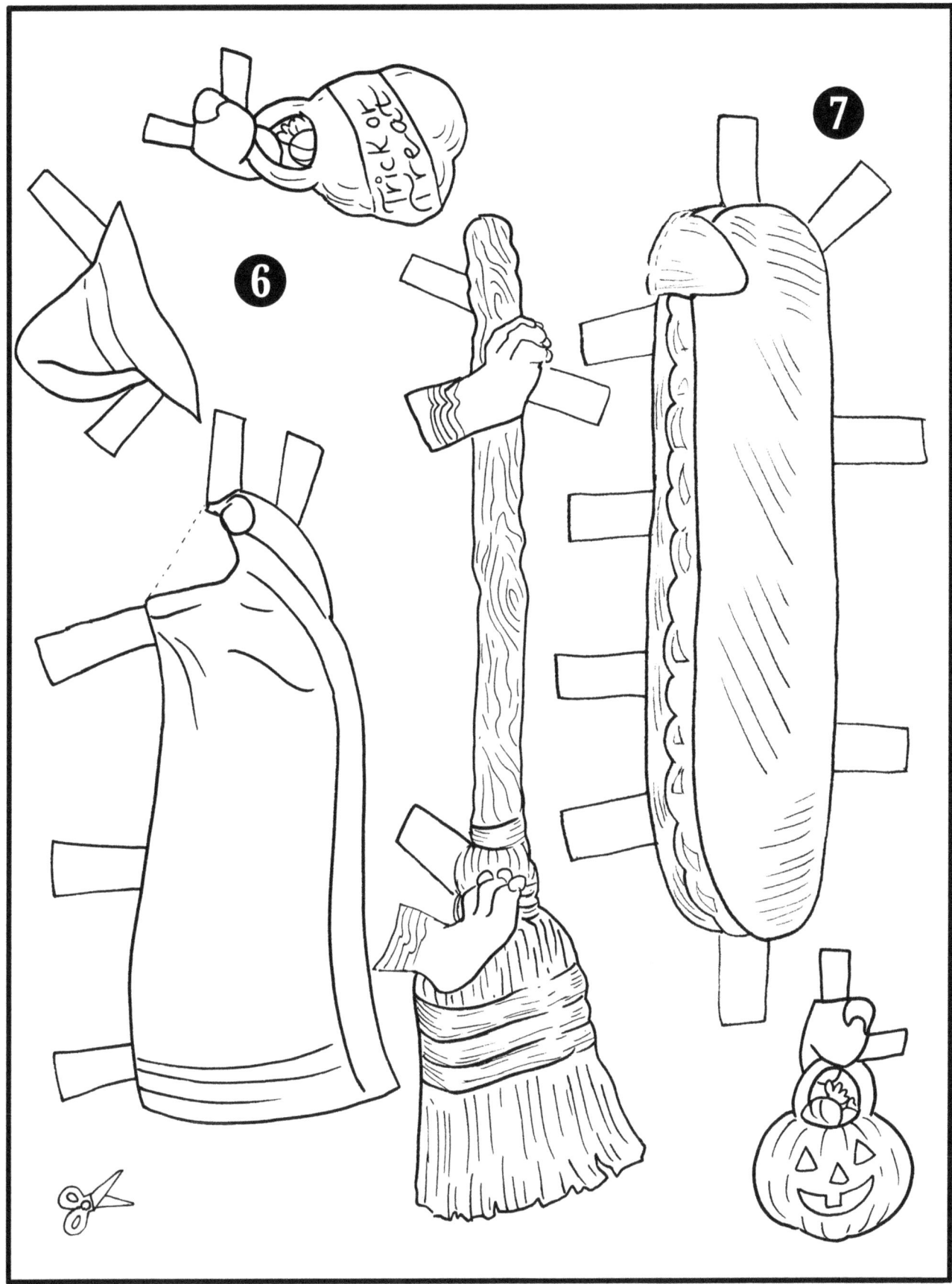

Ejemplos de muñecos de Gatitos de papel

Aquí tienes los ejemplos de los disfraces para tus gatitos de papel.
Hay 3 disfraces de gato pequeño y 3 disfraces de gato grande.

Gatito

Gato Grande

Gato grande y disfraces

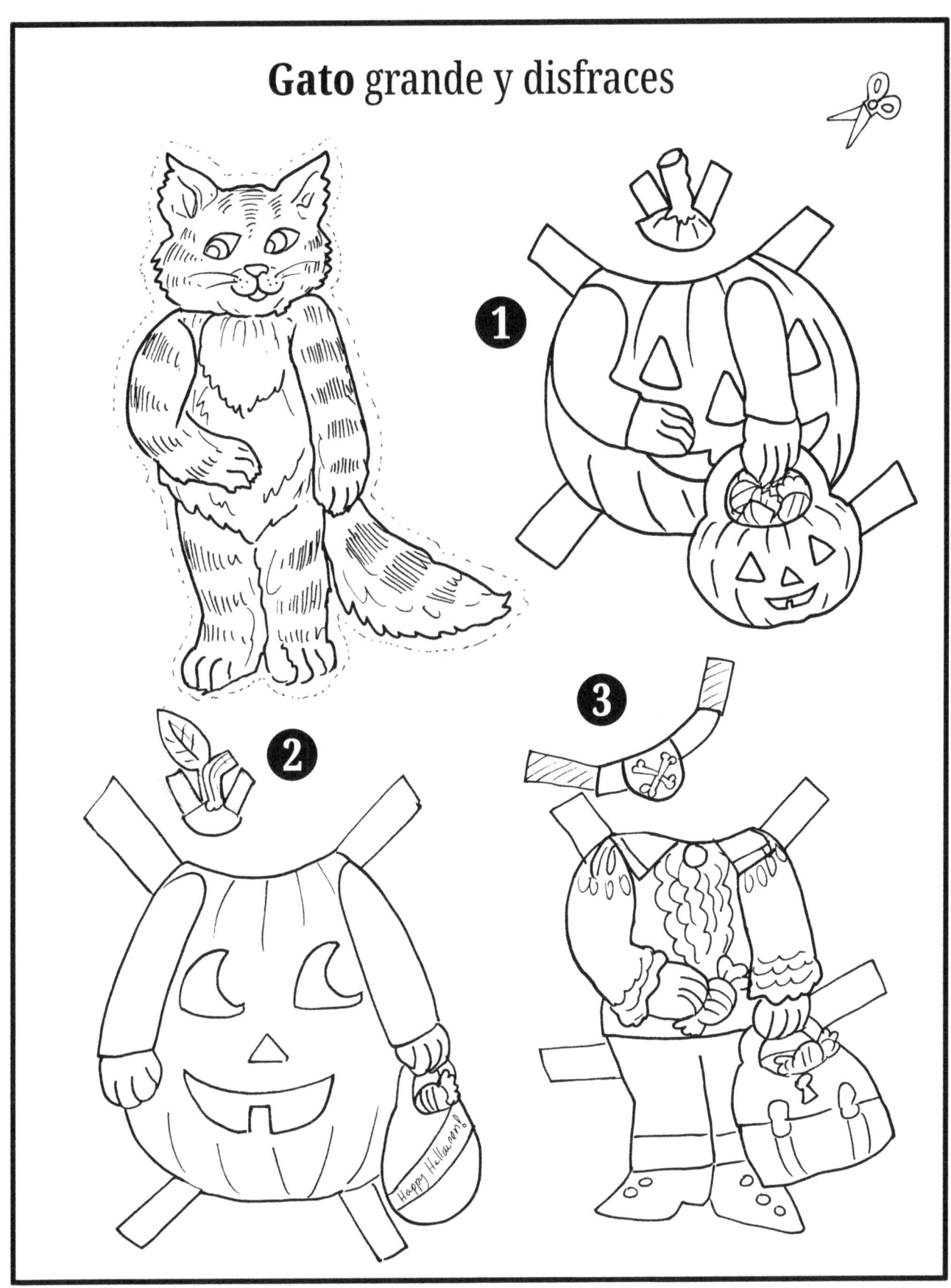

Muñecos de papel gatito y gato grande

Gatito pequeño y disfraces

Extra! Extra! Extra Dulces!

Ejemplos de Disfraces de Cerdito

Aquí tienes los cuatro disfraces de Cerdito. Puedes vestir a Cerdito como los ejemplos que se muestran aquí. Los cerditos de esta página se pueden colorear y recortar, si quieres más cerditos para jugar al ¡Truco o Dulce!

Cerdito Muñeco de Papel

Extra! Extra! Extra Dulces!

Extra! Extra! Extra Dulces!

Feliz Halloween

¿Te lo has pasado bien?
Entonces regálate un buen dulce y que tengas un
¡Maravilloso Halloween!

www.ingramcontent.com/pod-product-compliance
Lightning Source LLC
Chambersburg PA
CBHW061351010526
44107CB00011B/905